Dalla schiavitù alla benedizione

Scoprire la nostra identità in Dio

Jessica Hintz

Stati Uniti
2024

Impronta

Titolo del libro: Dalla schiavitù alla benedizione: alla scoperta della nostra identità in Dio
Autore: Jessica Hintz

Autore: Jessica Hintz
Contatto: boxingboy898337@gmail.com

CONTENUTO

Introduzione

All'inizio della sua profonda lettera ai Galati, Paolo affronta coraggiosamente i nemici della Grazia, battaglia che ha combattuto in tutto questo straordinario primo volume della sua opera. Il suo cammino di apostolo non è stato privo di sofferenze; ha sofferto molto per mano sia degli ebrei che dei gentili che rifiutano il messaggio radicale di grazia che predica. Con profonda preoccupazione per i suoi seguaci, Paolo è determinato a non lasciarli ricadere nelle rigide tradizioni del giudaismo, anche se alcuni dei suoi convertiti più ferventi provenivano proprio da quella fede. È questa tensione che alimenta la sua appassionata critica all'idea che si possa aggiungere al puro vangelo di Cristo pratiche e credenze legalistiche.

Gli scritti di Paolo servono a ricordare con forza che l'essenza del Vangelo non sta nell'osservanza della legge ma nel favore immeritato di Dio: la grazia. Questo tema centrale risuona in tutta l'epistola, poiché Paolo stabilisce linee guida che si applicano non solo ai giudaizzanti dei suoi tempi ma anche alla miriade di modi in cui l'umanità continua a distorcere il vero vangelo. Il suo messaggio rimane straordinariamente attuale oggi, dove si possono osservare errori simili, che spesso si manifestano come un pericoloso mix di fede e opere.

Paolo inizia la sua difesa stabilendo l'inequivocabile autorità di Cristo come fonte di salvezza. In Galati 1:5, egli sottolinea il significato della grazia che viene attraverso Gesù, sottolineando che è solo questa grazia che può liberare l'umanità dal male dell'epoca presente, che include le strutture oppressive istituite da leader religiosi fuorviati. La sua feroce opposizione ai giudaizzanti – un gruppo che cercava di imporre le leggi ebraiche ai credenti gentili – viene messa a fuoco quando lancia un fervente attacco contro di loro.

In Galati 1:6-7, Paolo esprime il suo stupore per la disponibilità dei Galati ad abbandonare la grazia di Cristo per quello che chiama "un vangelo diverso". Scrive: «Sono stupito che vi allontaniate da Colui che vi ha chiamati per la grazia di Cristo a un vangelo diverso, che non è un altro; ma ci sono alcuni che vi disturbano e vogliono pervertire il vangelo di Cristo". Questa affermazione sintetizza l'urgenza del suo messaggio: non c'è alternativa alla grazia che Gesù offre. Ogni deviazione da questa grazia costituisce un tradimento del fondamento stesso della fede cristiana.

Il processo di allontanamento

La frase usata da Paolo, "stai (nel mezzo) voltando le spalle", ha profonde implicazioni. Suggerisce un processo: un viaggio nella direzione sbagliata che non ha ancora raggiunto la sua destinazione. I Galati non stanno semplicemente commettendo un errore occasionale; sono impegnati in un graduale allontanamento dalla verità. Questo processo può essere paragonato a una nave che vira lentamente fuori rotta, ignara dei pericoli che la attendono. La logica della carne, guidata dal ragionamento umano e dalle pressioni sociali, li ha resi ciechi rispetto alla verità. Invece di fare affidamento sul discernimento dello Spirito, vacillano sull'orlo del disastro spirituale.

L'uso del termine da parte di Paolo *metastrefo* (Greco: μεταστρέφω) evidenzia la natura di questa trasformazione: corruzione piuttosto che santificazione. Il termine trasmette il senso di trasformarsi o trasformarsi in qualcos'altro. Significa una distorsione, una metamorfosi in una versione del Vangelo che non è più riconoscibile. La scelta delle parole di Paolo è deliberata; vuole che i Galati comprendano la gravità della loro situazione. Non si stanno semplicemente allontanando; sono in procinto di corrompersi, di trasformare la verità di Cristo in falsità.

I giudaizzanti e la loro eredità

Riflettendo sui giudaizzanti del suo tempo, Paolo attira l'attenzione su un modello che è perdurato nel corso della storia. La tentazione di fondere il vangelo della grazia con pratiche legalistiche è antica quanto la fede stessa. Proprio come i giudaizzanti cercavano di imporre la circoncisione e l'adesione alla legge ai nuovi credenti, i movimenti moderni spesso introducono ulteriori requisiti per la salvezza, siano essi rituali, codici morali o tradizioni extra-bibliche. La facilità con cui le persone adottano queste false versioni di Cristo rimane allarmante.

Oggi assistiamo a varie forme di apostasia: individui e gruppi che un tempo hanno abbracciato il Vangelo ma da allora se ne sono allontanati per seguire una versione diluita del cristianesimo. Questi movimenti spesso iniziano con buone intenzioni, con l'obiettivo di rendere la fede più rilevante o accessibile. Tuttavia, come dimostra la storia, la via del compromesso può portare a una pericolosa deviazione dalla verità. L'avvertimento di Paolo risuona potentemente in questo contesto, ricordandoci l'imperativo di custodire la purezza del Vangelo contro ogni distorsione.

LA CHIAMATA AL DISCERNIMENTO

La necessità di discernimento nella comunità di fede è più cruciale che mai. I Galati, come molti oggi, erano intrappolati in una rete di messaggi contrastanti. Il fascino di una fede più confortevole, che promette l'approvazione attraverso le opere piuttosto che attraverso la grazia, può essere allettante. È essenziale che i credenti si fondano sulla verità della Parola di Dio e coltivano una relazione con lo Spirito Santo, che fornisce guida e saggezza nell'affrontare queste complessità.

L'esortazione di Paolo non è semplicemente una critica storica ma un invito all'azione senza tempo. Esorta i Galati – e per estensione, tutti noi – a rimanere vigili, a riconoscere i segni della deriva spirituale e a rifiutare qualsiasi idea che mina la sufficienza del sacrificio di Cristo. La posta in gioco è alta; il Vangelo rischia di essere pervertito e, con esso, l'essenza stessa della fede.

Abbandonare Dio Dio (il Padre) che li ha creati è un atto peccaminoso. Dio è stato in primo luogo il Dio che ha portato il popolo (e noi) alla "grazia di Cristo". Questo è il fulcro della predicazione del Vangelo. Questo è l'obiettivo del processo di evangelizzazione. La chiamata dell'Apostolo è quella di fare questa. La risposta del profeta e il messaggio principale del pastore, e la struttura dell'insegnante Se è corrotta dal vangelo corrompe e influenza tutti i ministeri del ministero della grazia e impedisce la grazia del vangelo in un mondo di non credenti (Gentile) ed è perduto!

Conclusione

Nell'affrontare i nemici della Grazia, Paolo lancia un chiaro appello a sostenere il vero vangelo di Cristo. La sua appassionata difesa serve sia da monito che da incoraggiamento per i credenti di tutte le generazioni. La lotta contro il legalismo e la tentazione di aggiungere qualcosa al Vangelo continua ancora oggi, e le parole di Paolo forniscono una tabella di marcia per discernere l'autentico messaggio della grazia.

Mentre riflettiamo su questo potente messaggio, impegniamoci nella ricerca della verità. Restiamo vigili contro il fascino dei falsi insegnamenti e dei subdoli compromessi che minacciano di diluire la nostra fede. In un mondo pieno di confusione e tumulto spirituale, dobbiamo attenerci saldamente al vangelo della grazia, permettendogli di trasformare la nostra vita e guidare le nostre azioni. La lettera di Paolo ai Galati ci ricorda che la nostra speranza non risiede nella legge ma nella grazia immutabile di Cristo, una grazia che ci chiama a vivere in libertà e a condividere quella libertà con gli altri.

SIAMO SALVATI DALLA GRAZIA DI DIO: NIENTE DI PIÙ!

Al centro stesso della fede cristiana c'è una verità fondamentale che Paolo ha sottolineato più e più volte: siamo salvati dalla grazia di Dio, niente di più, niente di meno. Questa profonda dichiarazione racchiude il cuore del Vangelo, distinguendolo da ogni altro sistema religioso che cerca di stabilire un rapporto con Dio attraverso lo sforzo umano o l'adesione alla legge. È il messaggio liberatorio che afferma che la salvezza non si guadagna attraverso opere o rituali, ma piuttosto è un dono gratuito concessoci da un Dio amorevole che desidera la relazione piuttosto che il legalismo.

Nonostante questo chiaro messaggio di grazia, Paolo dovette affrontare una sfida allarmante tra i cristiani della Galazia. Alcuni membri provenienti da conversioni ebraiche, insieme a coloro che mantenevano una stretta aderenza alle usanze religiose ebraiche, sostenevano che questi nuovi credenti osservassero la Legge mosaica e praticassero la circoncisione come componenti essenziali della loro fede. Questa pressione a conformarsi alla legge non solo minacciava la libertà offerta dal vangelo della grazia, ma cercava anche di minare l'opera trasformatrice di Cristo nella vita dei credenti galati.

Tale insistenza sulle pratiche legalistiche non era semplicemente un disaccordo minore; fu un vero e proprio attacco all'essenza stessa del ministero di Paolo. Per Paul, le implicazioni erano profonde. Lo considerava un attacco non solo alla chiesa di Gerusalemme, che era stata un punto focale della prima comunità cristiana, ma, più significativamente, come un attacco alla dottrina che aveva faticosamente stabilito. Tutto il suo ministero era radicato nella convinzione che la salvezza arriva esclusivamente attraverso la fede in Cristo, e qualsiasi tentativo di aggiungere qualcosa a ciò era una sfida diretta al messaggio che predicava.

La risposta di Paolo fu feroce e incrollabile. Non era uomo da sedersi e permettere a tali eresie di prendere piede all'interno della chiesa. Capì che anche il minimo compromesso poteva portare su una china scivolosa, dove una deviazione dalla verità poteva trasformarsi in confusione ed errore diffusi. Questa consapevolezza lo costrinse ad agire immediatamente; non era disposto a lasciare che la questione "scivolasse" o semplicemente a sperare che si risolvesse da sola nel tempo. La posta in gioco era troppo alta e riconosceva che permettere ai falsi insegnamenti di mettere radici avrebbe potuto avere conseguenze catastrofiche per il corpo di Cristo.

Questa preoccupazione solleva una domanda importante per la chiesa moderna: stiamo assistendo a modelli simili oggi? Stiamo, come comunità di credenti, accettando errori che potrebbero stabilire uno status quo irreversibile tra i credenti? I parallelismi tra il tempo di Paolo e il nostro sono sorprendenti. Proprio come la chiesa primitiva era alle prese con le influenze del legalismo e la pressione per conformarsi a determinate pratiche, la chiesa di oggi si trova spesso a dover affrontare sfide simili.

In Galati 5:7-11, Paolo pone una domanda retorica che va al nocciolo della questione: "Chi ti ha impedito di perseguire la verità?" Sottolinea che la persuasione che li allontana dalla grazia non proviene da Colui che li ha chiamati. Qui Paolo usa la metafora del lievito per illustrare come anche una piccola quantità di falsi insegnamenti possa corrompere l'intera massa di pasta. Il suo avvertimento è chiaro: permettere che anche una piccola quantità di legalismo o di compromesso entri nella chiesa può portare a significative distorsioni del Vangelo.

La fiducia di Paolo nei Galati è evidente quando afferma: "Confido in voi e nel Signore che non avrete mai altri pensieri". Credeva nella loro capacità di discernere la verità dall'errore, ancorata alla relazione con Cristo. Tuttavia, ha anche lanciato un duro avvertimento a coloro che li disturbavano: "chiunque vi crea problemi sarà giudicato, non importa chi sia la persona". Ciò serve a ricordare che l'integrità del Vangelo deve essere difesa a tutti i costi e coloro che cercano di indebolirla ne dovranno affrontare le conseguenze.

In questo contesto troviamo un'intuizione importante per la Chiesa contemporanea, che è piena di "problemi". La sfida rimane quella di riconoscere e affrontare quelle influenze che cercano di diluire o distorcere la verità del Vangelo. Proprio come Paolo brandì la spada della Parola per affrontare i falsi insegnamenti, così anche noi dobbiamo impegnarci con la Scrittura per combattere i draghi del compromesso e del legalismo che minacciano di infiltrarsi nelle nostre comunità.

In definitiva, il messaggio di Paolo in Galati serve come guida senza tempo per i credenti di oggi. Sottolinea un principio cruciale: «se non inizia con Cristo e non finisce con Cristo, non è degno di considerazione». Questa dichiarazione ci sfida a valutare ogni insegnamento, dottrina e pratica attraverso la lente dell'opera compiuta da Cristo sulla croce. Dobbiamo rimanere vigili, discernendo le voci che cercano di allontanarci dalla grazia che è nostra in Cristo. Ancorandoci alla verità del Vangelo, possiamo resistere fermi alle pressioni del legalismo e sostenere fedelmente il messaggio della grazia che ha il potere di trasformare vite e comunità.

Una linea guida senza tempo per il nostro tempo

Nel panorama del cristianesimo moderno, dove l'essenza del Vangelo è spesso oscurata da varie distrazioni, le parole dell'apostolo Paolo servono come linea guida vitale per il tempo presente. Il suo feroce impegno nel messaggio della grazia è in netto contrasto con il legalismo che minaccia di infiltrarsi nella chiesa. L'epistola di Paolo ai Galati non è solo una lettera antica; è un chiaro appello rivolto ai credenti affinché si attengano saldamente al vero vangelo, il vangelo incentrato sulla grazia di Dio e sull'opera redentrice di Gesù Cristo.

L'insistenza di Paolo sulla purezza del vangelo è sottolineata da un'invettiva particolarmente forte che si trova in Galati 1:8-9: "Ma anche se noi, o un angelo dal cielo, vi predicasse un vangelo diverso da quello che vi abbiamo annunziato, lascia che sia maledetto. Come abbiamo già detto, così lo ripeto anche adesso: se qualcuno vi annunzia un vangelo diverso da quello che avete ricevuto, sia maledetto». Qui Paul stabilisce un tono serio. Egli sottolinea con forza che qualsiasi deviazione dal vangelo da lui predicato non è solo un'infrazione minore, ma un grave errore meritevole di condanna.

La gravità della distorsione

Il linguaggio di Paolo è intenzionale; usa la parola "maledetto" per significare un rifiuto completo e totale di qualsiasi insegnamento che contraddica il vangelo della grazia. Questo non è un mero disaccordo teologico; è una questione di vita o di morte, spiritualmente parlando. La posta in gioco è incredibilmente alta perché l'integrità del Vangelo è a rischio. Paolo comprende che l'introduzione di un vangelo diverso mina il fondamento stesso della salvezza che Gesù Cristo stabilì attraverso la Sua morte sacrificale sulla croce.

La sua urgenza è palpabile quando afferma che anche se un angelo dal cielo dovesse proclamare un vangelo diverso, quell'angelo meriterebbe la stessa maledizione. Questa dichiarazione funge da potente promemoria del fatto che la nostra fonte di verità deve sempre essere fondata su Cristo e sulla rivelazione che Egli ci ha fornito tramite i Suoi apostoli. Paolo chiarisce che l'autorità umana e angelica non può sostituire la verità del vangelo. Qualsiasi insegnamento che cerchi di aggiungere o distorcere il Vangelo deve essere rifiutato completamente.

La nuova legge in Cristo

Paolo prosegue articolando un concetto teologico cruciale: Gesù Cristo ha dato la Sua vita per liberare l'umanità dalla maledizione imposta dalla Legge. Ciò fa emergere una comprensione critica della grazia: la consapevolezza che non siamo più vincolati dai vincoli della Legge mosaica ma siamo liberati dalla Legge della Grazia. In Cristo emerge una legge nuova, fondata sulla grazia, non sullo sforzo umano o sull'adesione alla legge.

In Galati 1:15-16, Paolo condivide la sua testimonianza di come fu chiamato dalla grazia di Dio, sottolineando che la sua salvezza non fu il risultato di un'iniziativa o di un merito umano. Egli scrive: «Ma quando piacque a Dio, che mi separò dal grembo di mia madre e mi chiamò con la sua grazia, di rivelare in me suo Figlio, affinché lo annunziassi tra i gentili». Questo passaggio è profondamente significativo, poiché sottolinea che la chiamata e la missione di Paolo erano interamente opera della grazia di Dio.

L'identità di Paolo come ministro della grazia

Paolo si identifica come ministro della grazia, colui che è nominato dalla grazia e sostenuto dalla grazia. Questa autoidentificazione è più di un semplice titolo; riflette il nucleo stesso del suo ministero. Riconosce che la grazia non è solo il mezzo della sua salvezza ma anche il fondamento della sua vocazione. Questo riconoscimento è fondamentale perché posiziona Paolo come un servitore del Vangelo, la cui missione è proclamare la verità incontaminata dell'opera di Cristo sulla croce.

Riflettere su questa dichiarazione rivela una dura realtà del ministero moderno. Molti ministri contemporanei faticano ad articolare la loro chiamata in termini di grazia. Spesso rimangono intrappolati negli aspetti del ministero orientati alla performance, dando priorità ai parametri di successo rispetto al potere trasformativo della grazia. Questa disconnessione porta a un profondo malinteso su cosa significhi essere un ministro del Vangelo, con la conseguente diluizione del messaggio.

Le implicazioni di ciò sono significative: quando i ministri non hanno una chiara comprensione della grazia, le loro congregazioni rimangono senza gli strumenti necessari per riconoscere e combattere i falsi insegnamenti. Le vite di innumerevoli individui vengono influenzate negativamente quando la grazia di Dio non viene affermata e celebrata all'interno della chiesa. L'insistenza di Paolo sulla centralità della grazia non è semplicemente una posizione teologica; è una preoccupazione pastorale che cerca di salvaguardare la fede della comunità.

Un invito all'azione

Paolo non poteva restare a guardare mentre i falsi insegnamenti minacciavano l'integrità del Vangelo. Capì che la situazione era terribile e sentì la profonda responsabilità di affrontarla a testa alta. Proprio come Paolo si impegnò in questa battaglia spirituale, anche noi dobbiamo assumere il ruolo di difendere il Vangelo contro qualsiasi distorsione che possa sorgere nelle nostre chiese oggi. È imperativo non permettere che il messaggio della grazia venga compromesso o diminuito.

Nel mezzo di questa battaglia, Paolo afferma le sue credenziali divine, sottolineando che la sua autorità nel predicare il Vangelo non deriva da legami umani o dall'approvazione degli altri. Scrive di come non si consultò con carne e sangue ma ricevette rivelazione diretta da Dio. La fiducia di Paolo nella sua chiamata e missione è incrollabile; sa che le sue istruzioni provengono solo da Dio.

Questa convinzione è illustrata in modo potente attraverso il suo racconto dell'incontro con i giudaizzanti, coloro che cercavano di imporre la Legge ai nuovi convertiti. Paolo racconta la storia di Tito, un credente greco che lavorava al suo fianco nel ministero. Tito non era stato circonciso, e questo sollevò importanti interrogativi tra i credenti ebrei riguardo alla sua legittimità come ministro del Vangelo. I giudaizzanti contestarono la decisione di Paolo di permettere a Tito di viaggiare con lui, insistendo sul fatto che l'adesione alla Legge era necessaria per l'accettazione all'interno della comunità di fede.

LA SFIDA DEL LEGALISMO

Il confronto che circonda Tito serve da toccante promemoria della natura pervasiva del legalismo, anche all'interno della chiesa primitiva. La questione se Tito potesse servire e ministrare nel suo stato "incirconciso" evidenzia la lotta tra la libertà trovata nella grazia e la schiavitù della Legge. Per i giudaizzanti, i segni esterni della fede, come la circoncisione, erano fondamentali. Tuttavia, la prospettiva di Paolo era radicalmente diversa; capì che la vera fede si manifesta non con l'adesione esteriore alla Legge, ma con una trasformazione interiore operata dalla grazia di Dio.

Nel difendere Tito, Paolo sottolinea il messaggio centrale del vangelo: che la salvezza e l'accettazione davanti a Dio si basano sulla fede in Cristo, non sull'adesione alla Legge. Egli sostiene che richiedere la circoncisione come prerequisito per la comunione contraddice l'essenza stessa della grazia che Gesù offre. La posizione di Paolo è una coraggiosa dichiarazione della libertà che i credenti hanno in Cristo, una libertà che li libera dalle catene del legalismo.

L'IMPORTANZA DI SOSTENERE LA GRAZIA

Mentre riflettiamo sulla potente testimonianza di Paolo e sul suo incrollabile impegno verso il messaggio della grazia, ci vengono ricordate le nostre responsabilità come credenti. La Chiesa attuale deve rimanere vigile contro le subdole invasioni del legalismo e dei falsi insegnamenti che possono portare alla schiavitù spirituale. È essenziale sostenere la verità del Vangelo e garantire che la grazia rimanga al centro della nostra comprensione della fede e del ministero.

Il viaggio di Paolo e la sua accanita difesa del vangelo della grazia ci obbligano a valutare la nostra comprensione della grazia e il suo ruolo nella nostra vita. Stiamo davvero abbracciando il potere trasformativo della grazia nel nostro cammino personale con Cristo? Stiamo proclamando questo messaggio agli altri e stiamo coltivando comunità che riflettono la grazia di Dio? Le risposte a queste domande determineranno la salute e la vitalità della nostra fede e l'efficacia del nostro ministero.

In un mondo pieno di ideologie e distrazioni concorrenti, diamo ascolto alla chiamata di Paolo a rimanere saldi nella grazia che è nostra in Cristo Gesù. Proprio come Paolo combatté instancabilmente per preservare la purezza del Vangelo, anche noi dobbiamo assumere l'incarico di difendere questo sacro messaggio, assicurandoci che continui a trasformare la vita e ad attirare le persone in una relazione con il Dio vivente. Il vangelo della grazia non è semplicemente una dottrina da insegnare; è una realtà da vivere, che riflette l'amore e la misericordia di Dio verso un mondo che ha un disperato bisogno di speranza.

Lo stupore di Paolo e i giudaizzanti

Paolo era stupito. La sua sorpresa non era semplicemente una reazione alla natura insolita del comportamento dei Galati; derivava da una profonda delusione per il fatto che le stesse persone a cui aveva lavorato diligentemente per ministrare nutrissero falsi insegnamenti e si allontanassero dal vangelo della grazia. Nella sua lettera, Paolo rimprovera i Galati con una domanda retorica: "Chi sono questi ragazzi?" Si riferisce ai giudaizzanti, un gruppo di individui che promuovevano un programma legalistico, insistendo sul fatto che l'adesione alla Legge e pratiche come la circoncisione erano necessarie per la salvezza. "Come potreste dunque voi Galati intrattenerli, permettendo anche ad alcuni dei vostri di seguire la loro dottrina?" L'incredulità di Paolo è palpabile e risuona con le domande che potremmo porci oggi.

La forte reazione di Paolo rivela non solo i suoi sentimenti personali, ma anche una comprensione critica delle implicazioni che questi falsi insegnamenti hanno per il Vangelo. In Galati 2:5-6 scrive: "Non ci siamo sottomessi nemmeno per un momento, affinché vi fosse preservata la verità del vangelo. E tra coloro che sembravano influenti, per me non fa differenza ciò che erano; Dio non mostra parzialità". Qui Paolo sottolinea l'importanza di mantenere l'integrità del Vangelo, indipendentemente dallo status o dall'autorità percepita da coloro che diffondono falsi insegnamenti. Il suo impegno verso la verità è incrollabile e riflette una profonda comprensione del fatto che il Vangelo non dipende dall'approvazione o dalla tradizione umana.

La natura del ministero di Paolo

Il ministero di Paolo fu caratterizzato da una chiara distinzione tra il messaggio della grazia e le esigenze della Legge. Pur riconoscendo che Pietro e gli altri apostoli avevano missioni specifiche nei confronti del popolo ebraico, rimase risoluto nella sua chiamata ai gentili. Questa distinzione evidenzia un tema più ampio all'interno del Nuovo Testamento: che il Vangelo trascende i confini culturali e religiosi. La missione di Paolo non era definita dalla Legge ma dalla grazia di Dio, che era disponibile a tutti gli uomini.

La chiesa primitiva aveva raggiunto un consenso al Concilio di Gerusalemme, concordando sul fatto che i credenti non ebrei non dovessero essere gravati dai requisiti della Legge, come la circoncisione. Invece, è stato loro solo chiesto di evitare determinate pratiche volte a promuovere l'unità tra i credenti. Questa decisione sottolineava una verità fondamentale: la Legge fungeva da guida temporanea, da tutore che indicava Cristo. Come Paolo articola in Galati 3:24-25, "Così la legge fu la nostra custode fino alla venuta di Cristo, affinché potessimo essere giustificati mediante la fede. Ora che questa fede è arrivata, non siamo più sotto un tutore". La transizione dalla legge alla grazia significa un cambiamento nel modo in cui i credenti si relazionano con Dio, una relazione fondata sulla fede piuttosto che sulle opere.

L'ARGOMENTAZIONE TEOLOGICA DI PAOLO

Le implicazioni di questo cambiamento sono profonde. Paolo non sta solo difendendo il suo ministero; sta gettando le basi per comprendere la natura stessa della salvezza. In Galati 2:20 condivide un versetto che è diventato una pietra angolare dell'identità cristiana: "Sono stato crocifisso con Cristo e non vivo più io, ma Cristo vive in me. La vita che ora vivo nel corpo, la vivo mediante la fede nel Figlio di Dio, che mi ha amato e ha dato se stesso per me". Questa dichiarazione racchiude l'essenza della vita cristiana: non si tratta di aderire a un insieme di regole o tradizioni, ma di vivere in relazione con Cristo, potenziati dalla Sua grazia.

La ferma posizione di Paolo contro i giudaizzanti illustra la sua comprensione del pericolo rappresentato da coloro che vorrebbero aggiungere condizioni al Vangelo. Egli traccia una chiara linea di demarcazione, affermando che se i Galati si schierassero dalla parte dei giudaizzanti, si separerebbero dalla grazia che si trova in Cristo. In Galati 2:21, egli afferma: "Io non annullo la grazia di Dio, perché se la giustizia potesse essere acquisita mediante la legge, Cristo è morto invano!" Questa affermazione serve a ricordare in modo potente che qualsiasi tentativo di guadagnare la salvezza attraverso le opere mina le fondamenta stesse del Vangelo.

L'INCANTESIMO DEI GALATI

La frustrazione di Paolo raggiunge l'apice quando si rivolge ai Galati con l'esclamazione: "O Galati stolti! Chi ti ha stregato?" Questa domanda retorica coglie l'essenza della sua preoccupazione: come hanno potuto abbandonare così rapidamente la verità del Vangelo per una versione distorta? Invocando il termine "stregato", Paolo evidenzia l'inganno spirituale in gioco, equiparando l'influenza dei giudaizzanti alla stregoneria. Questa accusa è allo stesso tempo allarmante e deludente, poiché suggerisce che i Galati sono sotto un potente incantesimo, che offusca il loro giudizio e li allontana dalla verità.

Al centro dell'argomentazione dei giudaizzanti c'era una rivendicazione di lignaggio, affermando: "Noi siamo la progenie di Abramo". Paolo ribatte a ciò sottolineando la natura della promessa fatta ad Abraamo, spiegando che non è la genealogia a garantire la giustizia ma la fede. In Galati 3:24-29, elabora questa idea: "Quindi in Cristo Gesù siete tutti figli di Dio mediante la fede… se appartenete a Cristo, allora siete discendenza di Abramo ed eredi secondo la promessa". Paolo effettivamente smonta le argomentazioni dei giudaizzanti spostando l'attenzione dall'identità etnica all'identità spirituale in Cristo.

La paura di Paolo per i Galati

Tra le sue argomentazioni teologiche, Paolo esprime la sua profonda preoccupazione per i Galati. In Galati 4:9-11 afferma: "Ma ora che avete conosciuto Dio, o piuttosto siete conosciuti da Dio, come potrete ritornare ai deboli e inutili principi elementari del mondo, di cui siete schiavi? vuoi esserlo ancora una volta? Osservi giorni, mesi, stagioni e anni! Temo di aver faticato per te invano. La sua paura non riguarda semplicemente il loro benessere spirituale, ma anche la potenziale perdita di ciò che ha lavorato instancabilmente per stabilire tra loro. Questa paura riecheggia attraverso i secoli come un promemoria dei pericoli di ricadere nel legalismo e nel ritualismo.

Le domande retoriche di Paolo sfidano i Galati a considerare le implicazioni delle loro scelte. Avendo sperimentato la libertà e la grazia di Dio, perché dovrebbero voler tornare ai vincoli della Legge? La contrapposizione tra la conoscenza di Dio e il ritorno a principi "deboli e inutili" funge da forte avvertimento contro l'autocompiacimento e la regressione nella fede. Le sue parole ci spingono a esaminare la nostra vita e a identificare le aree in cui potremmo involontariamente ritornare a una comprensione della nostra relazione con Dio basata sulle prestazioni.

LA NATURA DEL FALSO INSEGNAMENTO

In Galati 4:16-17, Paolo affronta le motivazioni di coloro che cercavano di allontanare i Galati dalla verità. "Sono dunque diventato tuo nemico dicendoti la verità? Ti valorizzano, ma senza alcun buon scopo. Vogliono escluderti affinché tu possa dar loro molto valore". Paolo riconosce che i falsi maestri non sono interessati alla crescita spirituale dei Galati; piuttosto, cercano di manipolarli e controllarli per il proprio tornaconto. Questa intuizione rimane rilevante nella chiesa di oggi, dove alcuni leader potrebbero promuovere i propri programmi a scapito del Vangelo.

La chiarezza di Paolo sulla natura del falso insegnamento è vitale per la chiesa oggi. Proprio come lui individuò le motivazioni dietro i giudaizzanti, anche noi dobbiamo essere vigili nel riconoscere le voci che ci allontanano dalla verità. È essenziale valutare gli insegnamenti rispetto agli standard della Scrittura e del vangelo della grazia. Qualsiasi insegnamento che distorca il messaggio della grazia o cerchi di imporre ulteriori oneri ai credenti dovrebbe essere accolto con cautela e, se necessario, con rifiuto.

IL PERICOLO DI PERDERE LA GRAZIA

In Galati 5:4, Paolo fornisce un avvertimento che fa riflettere: "Voi siete separati da Cristo, voi che volete essere giustificati dalla legge; sei caduto in disgrazia". La caduta in disgrazia non è semplicemente un concetto teologico; significa una profonda crisi spirituale. Quando gli individui o le comunità si allontanano dal Vangelo e tentano di ottenere la rettitudine attraverso i loro sforzi, di fatto si separano dalla fonte stessa della loro salvezza.

Le parole di Paolo servono a ricordare chiaramente che la grazia non è qualcosa da dare per scontato. È essenziale riconoscere che allontanarsi dalla grazia è una questione seria con conseguenze eterne. Come credenti, dobbiamo rimanere saldi nella libertà che Cristo ci offre, resistendo alla tentazione di ritornare a pratiche legalistiche o a una fede basata sulle prestazioni.

La legge della libertà

In Galati 5:1, Paolo esorta i Galati: "Per la libertà Cristo ci ha liberati; state dunque saldi e non sottomettetevi nuovamente al giogo della schiavitù". Questa chiamata alla libertà è centrale nel messaggio del Nuovo Testamento. Paolo sottolinea che la grazia di Dio introduce un nuovo paradigma: una legge di libertà che libera i credenti dai vincoli della Legge. La libertà che Cristo offre non è una licenza di peccare, ma un invito a vivere in relazione con Lui, potenziati dallo Spirito Santo.

La legge della libertà è una realtà trasformativa per coloro che ripongono la propria fede in Cristo. Significa la liberazione dai pesi della Legge e l'abbraccio di una vita definita dalla grazia. Questa libertà consente ai credenti di vivere autenticamente, guidati dallo Spirito piuttosto che dalle esigenze di un quadro legalistico. L'appassionato appello di Paolo ai Galati affinché abbraccino questa libertà è un appello a tutti i credenti a riconoscere la profondità della grazia di Dio e le implicazioni che essa ha per le loro vite.

In conclusione, il messaggio di Paolo ai Galati resta profondamente attuale anche oggi. Il suo stupore per la loro volontà di accogliere falsi insegnamenti funge da ammonimento per la chiesa contemporanea. Mentre navighiamo in un mondo pieno di ideologie e insegnamenti contrastanti, dobbiamo rimanere vigili nel sostenere la verità del Vangelo. La chiamata ad abbracciare la grazia, resistere al legalismo e vivere nella libertà di Cristo è urgente ora come lo era ai tempi di Paolo.

La Dichiarazione di Indipendenza nella Fede

L'epistola ai Galati è un potente manifesto di libertà, una "dichiarazione di indipendenza" per tutti coloro che credono in Cristo. Paolo difende appassionatamente l'idea che la fede in Gesù libera i credenti dalla schiavitù del peccato e dai vincoli legalistici della Legge. Questo messaggio risuona in tutta la lettera, fornendo non solo principi teologici ma linee guida pratiche per vivere una vita potenziata dalla grazia.

L'insistenza di Paolo sul fatto che i credenti non dovrebbero lasciarsi intrappolare dal peccato è centrale nel suo messaggio. Presenta un vivido ritratto delle conseguenze dell'indulgere in un comportamento peccaminoso. In Galati 5:19-21, elenca un elenco di atti che portano alla schiavitù spirituale: immoralità sessuale, idolatria, odio, discordia, gelosia e altro ancora. La sua conclusione è cruda e intransigente: "Coloro che praticano tali cose non erediteranno il regno di Dio". Questa dichiarazione funge sia da monito che da chiamata alla santità, esortando i credenti a perseguire uno stile di vita che rifletta la loro nuova identità in Cristo.

Camminare nello Spirito

L'antidoto ai desideri della carne, afferma Paolo, si trova nel camminare nello Spirito. In Galati 5:16, esorta i Galati: "Camminate secondo lo Spirito e non sazierete i desideri della carne". Questa chiamata a camminare nello Spirito introduce un concetto trasformativo: il potenziamento del credente attraverso lo Spirito Santo. Camminare nello Spirito non è semplicemente un viaggio metaforico; rappresenta una profonda dinamica relazionale dove il credente è guidato e rafforzato dallo Spirito di Dio.

Paolo approfondisce ulteriormente come la grazia si manifesta nell'azione pratica. In Galati 5:13, egli sottolinea che, sebbene i credenti siano chiamati alla libertà, non dovrebbero usare questa libertà come scusa per indulgere in desideri egoistici. Devono invece servirsi a vicenda nell'amore. Questo riorientamento radicale dall'egoismo all'attenzione agli altri è l'essenza di una vita vissuta nello Spirito.

I frutti dello Spirito

Galati 5:22-23 introduce il concetto dei "frutti dello Spirito", che servono come cartina di tornasole per l'autenticità del proprio cammino spirituale. Paolo elenca questi frutti: amore, gioia, pace, pazienza, gentilezza, bontà, fedeltà, mitezza e autocontrollo. Ognuna di queste caratteristiche rappresenta l'opera attiva dello Spirito Santo nella vita di un credente, trasformandone la natura e guidandone le azioni.

Questa trasformazione non è solo interna; ha implicazioni esterne. Una vita segnata dai frutti dello Spirito è una vita che edifica la comunità, favorisce relazioni autentiche e riflette il carattere di Cristo. In contrasto con gli atti della carne, che portano alla divisione e al conflitto, i frutti dello Spirito coltivano l'unità e l'armonia tra i credenti.

La visione di Paolo per la chiesa è quella in cui regna la grazia e lo Spirito guida ogni interazione. Incoraggia i Galati a concentrarsi sul vivere questi frutti, ricordando loro che non esiste alcuna legge contro tali cose. In altre parole, queste qualità soddisfano l'intento della Legge, che è quello di promuovere l'amore e la giustizia tra il popolo di Dio.

Il peso della comunità

Al centro del messaggio di Paolo in Galati c'è il tema della comunità e del sostegno reciproco. In Galati 6:1-2, scrive: "Fratelli, se qualcuno viene sorpreso in qualche trasgressione, voi che siete spirituali ristabilitelo con uno spirito di mitezza". Questa istruzione evidenzia l'importanza di un approccio pieno di grazia nell'affrontare il peccato all'interno della comunità dei credenti. Invece di esprimere giudizi o ostracizzare coloro che cadono, Paolo chiede restaurazione e correzione gentile.

Sottolinea la necessità di portare i pesi gli uni degli altri come adempimento della legge di Cristo. Questo principio del portare i pesi è fondamentale per la vita della chiesa. Promuove un ambiente di grazia in cui le persone si sentono sicure nel confessare le proprie difficoltà e cercare aiuto senza timore di condanna. Il corpo di Cristo vuole essere un rifugio, un luogo dove possono avvenire guarigione e restaurazione.

L'enfasi di Paolo sulla comunità riflette anche la realtà dell'esperienza umana. Nessuno è immune dalle lotte, dai fallimenti o dal peccato. La chiamata a portare i pesi gli uni degli altri è un riconoscimento che siamo più forti insieme, appoggiandoci l'uno all'altro per ricevere sostegno e incoraggiamento mentre affrontiamo le sfide della vita.

Il pericolo dell'ipocrisia

In contrasto con la comunità piena di grazia che Paolo immagina, egli mette in guardia contro l'ipocrisia e gli atteggiamenti giudicanti che spesso sorgono negli ambienti religiosi. La tendenza a puntare il dito e a condannare coloro che vacillano è una trappola che la Chiesa deve evitare. La critica di Paolo ai giudaizzanti serve da avvertimento contro un ministero senza grazia che si concentra sulle apparenze esteriori e sull'adesione legalistica alle regole piuttosto che sulla fede e sull'amore genuini.

Mette in luce l'ipocrisia di coloro che cercano di imporre pesi agli altri trascurando i propri fallimenti. Questo atteggiamento ipocrita è contrario al cuore stesso del Vangelo. Invece di favorire un ambiente di grazia, crea divisione e alienazione. L'esortazione di Paolo a restaurare con delicatezza e a portare i pesi gli uni degli altri contrasta questa tendenza, promuovendo una cultura di umiltà e compassione.

L'IMPORTANZA DELLA RESPONSABILITÀ PERSONALE

È interessante notare che in Galati 6:5 Paolo afferma: "Infatti ciascuno dovrà portare il proprio carico". Sebbene la comunità ecclesiale sia chiamata a sostenersi a vicenda, anche la responsabilità personale è fondamentale. Ogni credente è responsabile delle proprie azioni e della propria crescita spirituale. Questa duplice enfasi sulla responsabilità comunitaria e individuale garantisce che, mentre ci eleviamo a vicenda, riconosciamo anche il nostro personale cammino di fede.

Portare il proprio carico implica un impegno attivo nella propria vita spirituale. È una chiamata alla maturità, in cui i credenti sono incoraggiati ad assumersi la responsabilità della loro relazione con Cristo. Questo equilibrio tra sostegno collettivo e responsabilità individuale è essenziale per una sana comunità ecclesiale.

GRAZIA IN AZIONE

Concludendo questa epistola, Paolo sottolinea l'importanza di vivere la grazia in azione. In Galati 6:7-8 avverte: "Non lasciatevi ingannare: Dio non si può burlare, perché qualunque cosa uno semini, anche quella raccoglierà". Questo principio di semina e raccolta si applica sia agli aspetti spirituali che pratici della vita. Se seminiamo nella carne, indulgendo nel peccato e in un comportamento egoistico, raccoglieremo le conseguenze. Al contrario, se seminiamo nello Spirito, vivendo in allineamento con la volontà di Dio e servendo gli altri, raccoglieremo vita eterna e benedizioni.

L'appello di Paolo all'azione è chiaro: la grazia deve essere una forza attiva nella nostra vita. Dovrebbe obbligarci a fare del bene a tutti, specialmente a coloro che appartengono alla famiglia della fede. Questo ministero della grazia non è uno sforzo passivo; richiede intenzionalità e sforzo. Siamo chiamati a essere vasi di grazia, offrendo gentilezza, amore e sostegno a coloro che ci circondano.

RIFLESSIONI FINALI SUL MESSAGGIO DI PAOLO

Concludendo la sua lettera ai Galati, Paolo riafferma il potere di trasformazione del Vangelo. Sottolinea che in Cristo né la circoncisione né l'incirconcisione hanno alcun valore; ciò che conta è una nuova creazione (Galati 6:15). Questa dichiarazione racchiude il cuore del messaggio evangelico: che la nostra identità si trova solo in Cristo, non nella nostra adesione a regole religiose o norme culturali.

I versetti conclusivi della Lettera ai Galati riflettono la profonda preoccupazione di Paolo per i Galati e il suo desiderio che abbracciassero la vera essenza del Vangelo. Li incoraggia a concentrarsi sulla grazia di Gesù Cristo, che è il fondamento della loro fede e la fonte della loro forza. In questa grazia c'è pace, speranza e senso di appartenenza.

CONCLUSIONE

In sintesi, l'epistola di Paolo ai Galati funge da potente promemoria della libertà che abbiamo in Cristo. La sua dichiarazione di indipendenza dal peccato e dal legalismo ci invita ad abbracciare una vita di grazia, caratterizzata dai frutti dello Spirito e dall'impegno comunitario. Le sfide dell'ipocrisia, del giudizio e dell'apatia sono contrastate dalla chiamata a portare i pesi gli uni degli altri e a camminare nello Spirito.

Mentre riflettiamo su questo messaggio, consideriamo come possiamo incarnare i principi della grazia nella nostra vita e nelle nostre comunità. Stiamo camminando attivamente nello Spirito, cercando di portare i pesi gli uni degli altri ed estendendo la grazia a coloro che ci circondano? Le parole di Paolo ci incoraggiano a vivere la nostra fede in modo autentico, dimostrando l'amore di Cristo a un mondo bisognoso. Cerchiamo di essere vasi di grazia, riflettendo il cuore di Gesù in tutto ciò che facciamo.

Il fondamento della fede: comprendere il vangelo della grazia attraverso la rivelazione

Nel cuore della teologia cristiana si trova la dottrina essenziale della grazia, una verità che trasforma la vita e modella i ministeri. L'epistola ai Galati, scritta dall'apostolo Paolo, funge da pietra angolare per comprendere il vangelo della grazia ricevuto attraverso la rivelazione divina. In un mondo spesso caratterizzato da confusione e incomprensioni, è fondamentale avere una visione chiara delle fondamenta su cui si è edificati per impegnarsi in una predicazione autentica e in un ministero efficace.

Il ruolo della rivelazione

L'affermazione di Paolo in **Galati 1:11-12** è inequivocabile: «Voglio infatti che sappiate, fratelli, che il vangelo da me annunziato non è secondo uomo. Io infatti non l'ho ricevuto né mi è stato insegnato, ma è venuto mediante la rivelazione di Gesù Cristo ." Questo passaggio sottolinea un punto critico: il Vangelo non è un prodotto dell'ingegno o della tradizione umana. È una rivelazione divina, una verità che proviene da Dio stesso. Senza questa comprensione, qualsiasi tentativo di ministero mancherà dell'autenticità e dell'autorità che derivano da un incontro genuino con il divino.

Il fondamento della nostra fede deve essere radicato nella rivelazione. L'esperienza di solitudine di Paolo nel deserto, dove cercò con fervore il Signore, esemplifica la necessità di cercare Dio sopra ogni altra cosa. Piuttosto che fare affidamento sugli insegnamenti o sulle tradizioni umane, diede priorità alla comunione diretta con Dio, che alla fine plasmò la sua teologia e il suo ministero. Questo principio è essenziale anche per i ministri contemporanei; devono cercare il volto di Dio per trasmettere accuratamente le Sue verità alla congregazione.

IL POTERE DELLA RIVELAZIONE NEL MINISTERO

Il ministero di Paolo era governato dalla rivelazione, come dimostrato in **Galati 2:1-2**: "Poi, dopo quattordici anni, salii di nuovo a Gerusalemme con Barnaba e presi Tito con me. E salii per rivelazione e comunicai loro quel vangelo che annuncio tra i pagani". Qui Paolo indica che la sua missione non era semplicemente una risposta ai bisogni della gente o alle tradizioni della Chiesa; era un appuntamento divino. Ciò sottolinea una verità profonda: un ministero efficace nasce da una chiara comprensione della chiamata e della direzione di Dio.

Agli albori della Chiesa, i leader spesso ricevevano rivelazioni che guidavano le loro decisioni e azioni. Un esempio notevole è il ministero di Clayt Sonmore, che giocò un ruolo fondamentale negli Incontri degli uomini d'affari del Pieno Vangelo. Attraverso la rivelazione divina, i problemi del peccato e i programmi nascosti tra i leader furono portati alla luce, suggerendo le correzioni necessarie e portando a una fioritura di fede e pratica. Questo modello di ministero, fondato sull'opera dello Spirito Santo, è in netto contrasto con gli approcci spesso superficiali visti oggi in molte chiese contemporanee.

AFFRONTARE L'IPOCRISIA

In **Galati 2:11-14**, Paolo affronta Pietro riguardo alla sua ipocrisia ad Antiochia: "Ma quando Pietro venne ad Antiochia, io mi opposero a lui in faccia, perché era condannato. Infatti, prima che arrivassero certi uomini da parte di Giacomo, mangiava con i pagani; ma quando arrivarono , si tirò indietro e si separò, temendo la festa della circoncisione." Questo confronto è cruciale, poiché illustra l'impegno di Paolo nei confronti della verità del Vangelo. Paolo non aveva paura di sfidare anche i leader più importanti quando le loro azioni contraddicevano i principi della fede.

Oggi sembra esserci una riluttanza in molti ambienti ecclesiali ad affrontare i problemi dell'ipocrisia e dell'immoralità tra i leader. Il silenzio su tali questioni può portare a una cultura di compiacenza e apatia, in cui la verità viene sacrificata per il bene delle relazioni o delle apparenze. L'esempio di Paolo sfida i leader moderni a sostenere l'integrità del Vangelo, indipendentemente dalle potenziali ricadute. Dimostra che il vero amore per la chiesa richiede la volontà di affrontare il peccato, indipendentemente dal costo.

L'opera dello Spirito nella Chiesa

In **Galati 3:5**, Paolo solleva una domanda importante riguardo al ruolo dello Spirito Santo nella vita della chiesa: "Colui che vi dona lo Spirito e opera tra voi miracoli, lo fa mediante le opere della legge o ascoltando con fede?" Qui Paolo sottolinea che la presenza e la potenza dello Spirito Santo non dipendono dall'adesione alla Legge ma sono accessibili attraverso la fede. Questo principio è fondamentale per comprendere la natura dell'opera di Dio nella vita dei credenti.

La Chiesa contemporanea spesso sperimenta uno scollamento tra la potenza dello Spirito e il ministero quotidiano. La mancanza di miracoli e manifestazioni della potenza dello Spirito può spesso essere attribuita a una diminuzione delle aspettative o a una concentrazione sullo sforzo umano piuttosto che sull'intervento divino. Nei campi di missione, tuttavia, l'evidenza dell'opera dello Spirito è innegabile. I resoconti di guarigioni miracolose, resurrezioni e crescita esplosiva nelle congregazioni servono a ricordare che dove lo Spirito Santo è onorato e ricercato, possono accadere cose potenti.

LE BENEDIZIONI DI ABRAMO

Paolo approfondisce le benedizioni conferite ai credenti attraverso la fede nella fede **Galati 3:6-9**: "Come Abramo credette a Dio e ciò gli fu imputato come giustizia, sappi dunque che i figli di Abramo sono quelli che credono". Questa verità fondamentale sottolinea la continuità delle promesse di Dio dall'Antico Testamento al Nuovo Testamento. Le benedizioni promesse ad Abraamo si estendono a tutti coloro che ripongono la loro fede in Cristo, indipendentemente dalla loro origine etnica o culturale.

Inoltre, Paolo sostiene che l'eredità concessa ai credenti non si basa sulla discendenza o sull'adesione alla Legge, ma sulla fede in Gesù Cristo. **Galati 3:13-14** afferma: «Cristo ci ha riscattati dalla maledizione della legge, diventando per noi maledizione – poiché sta scritto: Maledetto chiunque sarà appeso al legno – affinché in Cristo Gesù la benedizione di Abramo giungesse alle genti. ." Questa inclusione radicale sottolinea che la salvezza e le benedizioni sono disponibili per tutti coloro che credono, abbattendo le barriere che un tempo dividevano le persone.

LA TEOLOGIA DELL'INCLUSIONE

Gli insegnamenti di Paolo in **Galati 3:26-29** rafforzare ulteriormente la teologia dell'inclusione: "Poiché in Cristo Gesù siete tutti figli di Dio, mediante la fede. Poiché voi tutti, che siete stati battezzati in Cristo, vi siete rivestiti di Cristo. Non c'è né ebreo né greco, né schiavo né libero, né maschio né femmina, perché tutte siete una cosa sola in Cristo Gesù». Questa profonda dichiarazione infrange le barriere sociali e culturali, promuovendo un'unità radicale tra i credenti. In Cristo, le distinzioni che un tempo avevano un peso significativo diventano irrilevanti.

Questo messaggio rimane di vitale importanza oggi, poiché la Chiesa è alle prese con problemi di divisione e disuguaglianza. L'insistenza di Paolo sull'uguaglianza di tutti i credenti in Cristo sfida le chiese a riflettere l'inclusività del Vangelo nelle loro pratiche e atteggiamenti. Invita il corpo di Cristo ad abbracciare la diversità, riconoscendo che tutti sono uguali eredi delle promesse di Dio.

La promessa dello Spirito Santo

In **Efesini 1:13-14**, Paolo approfondisce il ruolo dello Spirito Santo come sigillo dell'eredità del credente: "In lui anche voi, quando avete udito la parola della verità, il vangelo della vostra salvezza, e avete creduto in lui, siete stati sigillati con lo Spirito Santo promesso , il quale è garante della nostra eredità finché non ne acquisiamo il possesso, a lode della sua gloria». Questo suggellamento dello Spirito Santo è una potente garanzia per i credenti, affermando che appartengono a Dio e fanno parte del Suo piano eterno.

Lo Spirito Santo non solo dà potere ai credenti per il ministero, ma serve anche a ricordare la speranza e l'eredità futura che li attendono. Questa comprensione dovrebbe incoraggiare i credenti a vivere la propria fede con fiducia e determinazione, sapendo che sono equipaggiati dallo Spirito per svolgere la missione di Dio nel mondo.

Conclusione: la chiamata all'autenticità

Gli insegnamenti che si trovano in Galati ed Efesini chiamano la chiesa a ritornare alle sue radici: un ritorno a un vangelo fondato sulla rivelazione, potenziato dallo Spirito Santo e caratterizzato dalla grazia. L'autentica predicazione del Vangelo richiede una chiara comprensione dei suoi fondamenti, radicata nella rivelazione personale e nella fede. Sfida i leader contemporanei a superare l'autocompiacimento, affrontando l'ipocrisia e promuovendo una cultura della responsabilità all'interno della chiesa.

Inoltre, mentre riflettiamo sulle benedizioni di Abramo e sulla natura inclusiva del Vangelo, ci viene ricordata la nostra responsabilità di creare comunità che abbracciano e celebrano la diversità. La chiamata al ministero autentico è una chiamata a riflettere il cuore di Cristo, raggiungendo tutti, indipendentemente dal loro background.

In un mondo che ha un disperato bisogno di speranza, il vangelo della grazia rimane il nostro messaggio più grande. Come credenti, abbiamo il compito di portare questo messaggio fino ai confini della terra, potenziati dallo Spirito e guidati dalla rivelazione. Sforziamoci di essere amministratori fedeli di questo dono incredibile, vivendo la nostra fede in modo autentico e proclamando con audacia la verità del Vangelo a tutti coloro che ascoltano.

I FIGLI E LE FIGLIE DI DIO: COMPRENDERE LA NOSTRA IDENTITÀ NEGLI ULTIMI GIORNI

Negli ultimi giorni, i figli e le figlie di Dio saranno pienamente rivelati, mettendo in mostra la loro identità e il loro scopo come eredi della promessa divina. Questa identità è profondamente radicata nella comprensione dell'essere "figli di nati liberi" in contrapposizione ai "figli di schiave". In questo discorso esploreremo le implicazioni di questa distinzione, il contesto storico che la circonda e la sua rilevanza per le comunità di fede contemporanee.

FIGLI DI FREEBORN: UN FONDAMENTO BIBLICO

L'apostolo Paolo fornisce una spiegazione profonda della nostra identità in **Galati 4:30-31**, dove afferma: "Ma che cosa dice la Scrittura? 'Caccia fuori la schiava e suo figlio, perché il figlio della schiava non sarà erede con il figlio della libera'". Dunque, fratelli, noi non siamo figli della schiava, ma della libera». Questo passaggio traccia una linea netta tra due tipi di prole: quelli nati in schiavitù e quelli nati in libertà.

Il riferimento di Paolo alla "schiava" e alla "donna libera" è un'allusione diretta al racconto dell'Antico Testamento di Abramo, Sara e Agar. Abramo ebbe due figli: Ismaele, nato da Agar, la schiava, e Isacco, nato da Sara, la donna libera. Secondo le Scritture, l'eredità promessa e le benedizioni del patto dovevano fluire attraverso Isacco, non Ismaele. Questa distinzione fondamentale sottolinea il fondamento dell'identità cristiana: i credenti non sono figli della schiavitù ma figli della promessa e della libertà.

IL SIGNIFICATO DELLA LIBERTÀ

Il concetto di essere "nati liberi" risuona profondamente nella fede cristiana. Essere nati liberi significa ereditare le promesse di Dio senza i fardelli della Legge o le catene del peccato. Significa una relazione con Dio basata sulla grazia, non sul merito. Questa libertà è racchiusa nell'opera di Cristo, che liberò i credenti dalla maledizione della Legge mediante la Sua morte e risurrezione sacrificale.

In un mondo che spesso cerca di fondere credenze e scendere a compromessi con le dottrine fondamentali, le parole di Paolo servono come un chiaro appello a riconoscere e sostenere la verità del Vangelo. Non c'è spazio per negoziati con ideologie che contraddicono i principi fondamentali del cristianesimo. I figli della schiava, i discendenti di Agar, rappresentano non solo un lignaggio diverso, ma una comprensione contrastante del patto di Dio.

LE SFIDE DELLE RELAZIONI INTERRELIGIOSE

Nella società odierna prevale l'appello al dialogo e alla cooperazione interreligiosa. Molti leader ecclesiali sostengono l'unità tra i vari gruppi religiosi, ritenendo che tale collaborazione possa promuovere la giustizia sociale e la pace. Tuttavia, il messaggio di Paolo mette in discussione questa nozione. Afferma categoricamente che non esiste un terreno comune tra i figli della promessa e i figli della schiavitù.

Nonostante la buona volontà delle iniziative interreligiose, come quelle promosse da figure importanti come Rick Warren e Tony Blair, i cristiani devono esercitare discernimento. Impegnarsi in collaborazioni che diluiscono o compromettono il messaggio centrale del Vangelo può portare a confusione e compromesso teologico. L'appello a "scacciare la schiava e suo figlio" è un appello a rimanere fedeli alla peculiarità della fede cristiana.

CONTESTO STORICO: ABRAMO E I SUOI FIGLI

Per apprezzare appieno il messaggio di Paolo, dobbiamo rivisitare la storia di Abramo. La saga inizia con la promessa di Dio ad Abramo che sarebbe diventato il padre di molte nazioni. Tuttavia, quando Sara, sua moglie, non fu in grado di avere figli, offrì la sua serva Agar ad Abramo, dando alla luce Ismaele. Questo atto, nato dallo sforzo umano piuttosto che dal tempismo divino, pose le basi per il conflitto.

Dio in seguito riaffermò la Sua promessa ad Abramo, dichiarando che Sara avrebbe partorito un figlio, Isacco. La tensione tra questi due figli simboleggia la continua lotta tra fede e opere, grazia e legge. Ismaele rappresenta i tentativi umani di adempiere alle promesse di Dio attraverso la fiducia in se stessi, mentre Isacco rappresenta l'adempimento della promessa di Dio attraverso l'intervento divino.

Questa narrazione storica sottolinea l'importanza di comprendere la nostra eredità di figli di Dio. Come cristiani siamo eredi della promessa fatta ad Abramo attraverso Isacco. Questa eredità non si basa sulle nostre prestazioni ma sulla fedeltà di Dio. Pertanto, dobbiamo mantenere salda la nostra identità e resistere a qualsiasi tentativo di comprometterla per il bene dell'accettazione sociale.

L'IDENTITÀ DEI CREDENTI IN CRISTO

Gli insegnamenti di Paolo in Galati evidenziano la natura trasformativa della fede in Cristo. In **Galati 3:26-29**, scrive: «Poiché voi tutti siete figli di Dio per la fede in Cristo Gesù. Poiché voi tutti, che siete stati battezzati in Cristo, vi siete rivestiti di Cristo. Non c'è né ebreo né greco, né schiavo né libero, né maschio né femmina; siete tutti uno in Cristo Gesù. E se siete di Cristo, allora siete discendenza di Abramo ed eredi secondo la promessa".

Questa dichiarazione parla della radicale inclusività del Vangelo pur mantenendo la particolarità dell'identità. Il messaggio di Cristo trascende le barriere culturali e sociali, unendo i credenti come eredi della promessa fatta ad Abramo. Questa unità non cancella le identità individuali; piuttosto, arricchisce il corpo collettivo di Cristo.

LA RIVELAZIONE FINALE DEI FIGLI E DELLE FIGLIE DI DIO

Man mano che ci avviciniamo agli ultimi giorni, i figli e le figlie di Dio saranno rivelati nella loro pienezza. Questa rivelazione non riguarda semplicemente l'identità individuale ma l'espressione collettiva della famiglia di Dio sulla terra. Di fronte al crescente secolarismo e pluralismo, la Chiesa è chiamata a rimanere salda nella sua identità di figlia della promessa.

In **Romani 8:19**, Paolo scrive: "Poiché la creazione attende con impazienza la rivelazione dei figli di Dio". Questo passaggio sottolinea l'anticipazione di un tempo futuro in cui i credenti manifesteranno pienamente la loro identità di figli di Dio. Questa rivelazione è legata alla gloria di Dio e serve come testimonianza della Sua fedeltà.

La chiamata alla distinzione

Alla luce dell'attuale panorama religioso globale, la Chiesa deve rimanere salda nella sua chiamata a sostenere la verità del Vangelo. Le distinzioni tra i figli della schiava e i figli della donna libera non sono meramente storiche o teologiche; sono pratici e pertinenti. Impegnarsi in partenariati che cercano di offuscare questi confini compromette il messaggio della grazia e diminuisce la potenza del Vangelo.

L'appello a "cacciare la schiava" è un appello a rifiutare qualsiasi teologia o pratica che cerchi di allineare il cristianesimo con ideologie contrarie al Vangelo. Ciò non significa che i cristiani dovrebbero impegnarsi nell'ostilità o nell'isolazionismo, ma piuttosto avvicinarsi ai dialoghi interreligiosi con chiarezza e convinzione. I credenti devono articolare la loro fede con grazia, pur rimanendo risoluti nelle verità che sostengono.

Conclusione: abbracciare la nostra identità

Mentre riflettiamo sulla nostra identità di figli e figlie di Dio, dobbiamo abbracciare la libertà che deriva dall'essere figli della promessa. Questa identità modella la nostra relazione con Dio e tra noi. Ci chiama a vivere in un modo che riflette il carattere di Cristo, restando fermi nelle nostre convinzioni ed estendendo la grazia a coloro che ci circondano.

Negli ultimi giorni, il mondo sarà testimone della manifestazione dei figli di Dio, coloro che hanno abbracciato pienamente la propria identità di eredi della promessa. Come credenti, siamo chiamati a vivere alla luce di questa verità, annunciando con coraggio il vangelo e rimanendo saldi nella nostra fede.

Ricordiamo che la nostra eredità non è semplicemente una promessa futura ma una realtà presente. Mentre navighiamo in un mondo complesso, possiamo trarre conforto dal sapere che siamo nati liberi, figli dell'Iddio Altissimo, chiamati a vivere la nostra identità con convinzione e scopo. È questa identità che brillerà luminosamente nell'oscurità, attirando gli altri alla luce di Cristo e rivelando la gloria di Dio a tutta la creazione.

LA FINE